Impressum
Verlag: BABADADA GmbH, Nedderfeld 112 , 22529 Hamburg
Geschäftsführer / Verlagsleitung: Harald Hof
Druck: Books on Demand GmbH, In de Tarpen 42, 22848 Norderstedt

Imprint
Publisher: BABADADA GmbH, Nedderfeld 112 , 22529 Hamburg, Germany
Managing Director / Publishing direction: Harald Hof
Print: Books on Demand GmbH, In de Tarpen 42, 22848 Norderstedt

school

el colegio

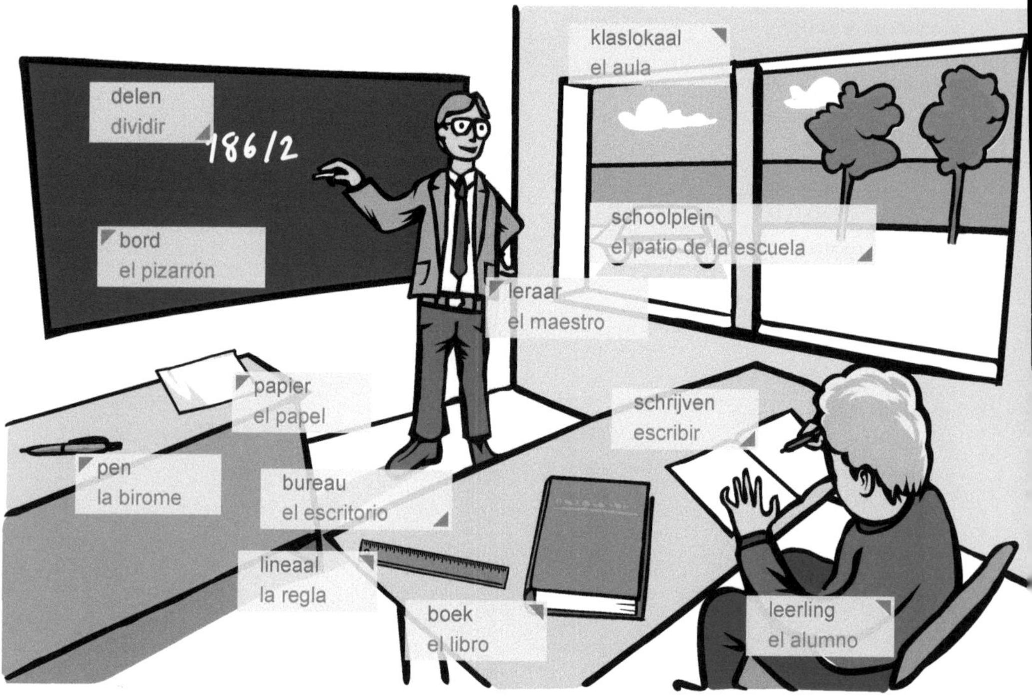

delen
dividir
186/2
klaslokaal
el aula
bord
el pizarrón
schoolplein
el patio de la escuela
leraar
el maestro
papier
el papel
schrijven
escribir
pen
la birome
bureau
el escritorio
lineaal
la regla
boek
el libro
leerling
el alumno

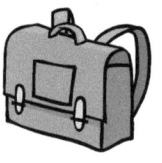

schooltas

la mochila

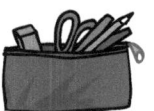

etui

la caja de lápices

potlood

el lápiz

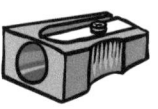

puntenslijper

el sacapuntas

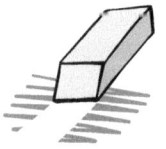

gum

la goma (de borrar)

schetsblok

el bloc de dibujo

tekening

el dibujo

penseel

el pincel

verfdoos

la caja de pinturas

schaar

la tijera

lijm

el pegamento

schrift

el cuaderno de ejercicios

huiswerk

la tarea

getal

el número

optellen

sumar

aftrekken

restar

vermenigvuldigen

multiplicar

rekenen

calcular

letter

la letra

alfabet

el abecedario

woord

la palabra

tekst

el texto

lezen

leer

krijt

la tiza

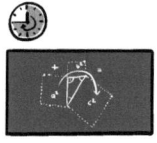

les

la lección

klassenboek

el cuaderno de clase

examen

el examen

diploma

el certificado

schooluniform

el uniforme escolar

opleiding

la educación

encyclopedie

la enciclopedia

universiteit

la universidad

microscoop

el microscopio

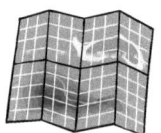

kaart

el mapa

prullenmand

el tacho (de basura)

reis
el viaje

hotel
el hotel
Grand
hostel
el hostel
ROOMS
EXCHANGE
wisselkantoor
la casa de cambio
koffer
la valija
auto
el auto

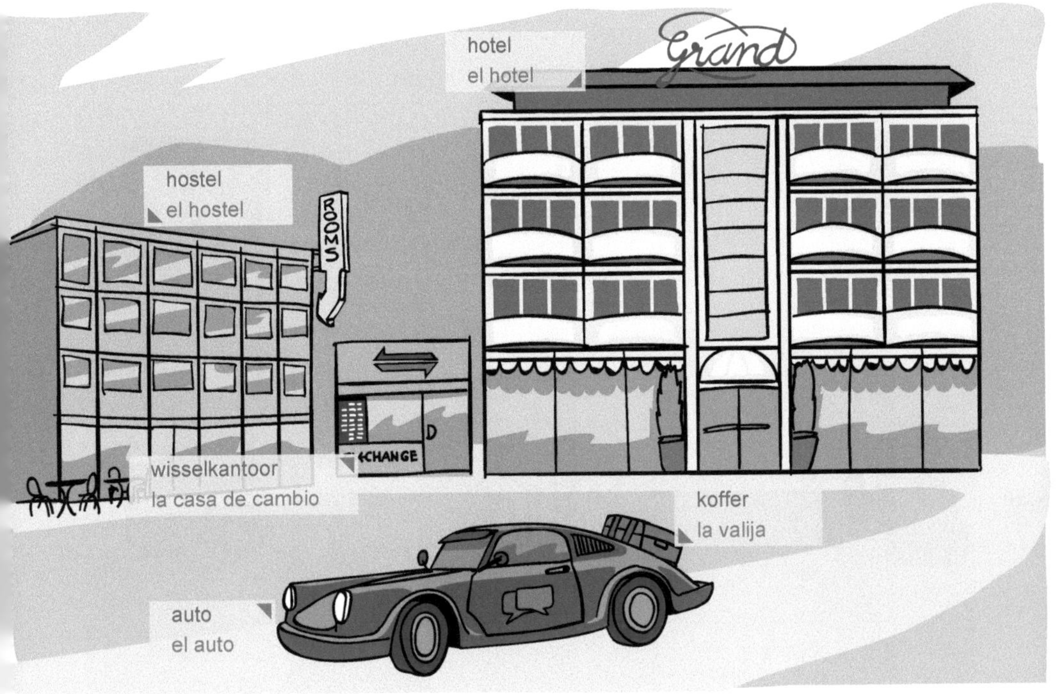

taal

el idioma

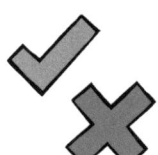

ja / nee

sí / no

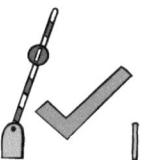

oké

Está bien

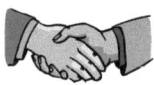

Hallo!

hola

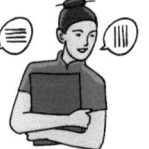

tolk

el traductor

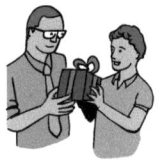

Bedankt.

Gracias

Wat kost ...?

¿cuánto cuesta...?

Ik begrijp het niet.

No entiendo

probleem

el problema

Goedenavond!

¡Buenas tardes!

Goedemorgen!

¡Buenos días!

Goedenacht!

¡Buenas noches!

Tot ziens!

el adiós

richting

la dirección

bagage

el equipaje

tas

el bolso

rugzak

la mochila

gast

el invitado

kamer

la habitación

slaapzak

la bolsa de dormir

tent

la carpa

VVV-kantoor

la información turística

strand

la playa

creditkaart

la tarjeta de crédito

ontbijt

el desayuno

lunch

el almuerzo

diner

la cena

kaartje

el pasaje

lift

el ascensor

postzegel

el sello

grens

la frontera

douane

la aduana

ambassade

la embajada

visum

la visa

paspoort

el pasaporte

transport
el transporte

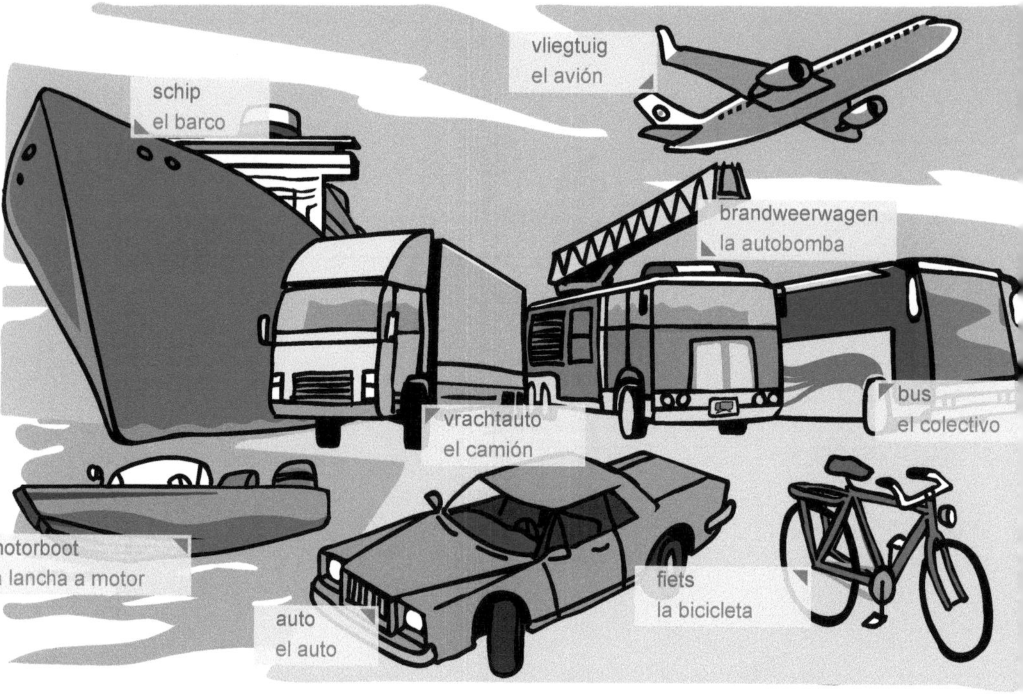

vliegtuig
el avión
schip
el barco
brandweerwagen
la autobomba
bus
el colectivo
vrachtauto
el camión
motorboot
la lancha a motor
fiets
la bicicleta
auto
el auto

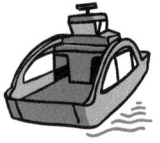

veerboot
....
el ferry

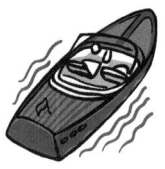

boot
....
el bote

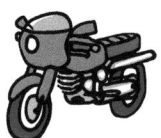

motorfiets
....
la moto

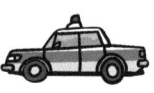

politiewagen
....
el patrullero

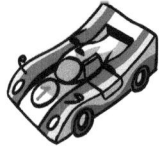

raceauto
....
el auto de carreras

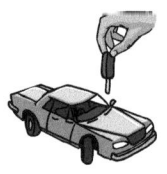

huurauto
....
el auto de alquiler

carsharing

el alquiler de autos

takelwagen

la grúa

vuilniswagen

el camión de la basura

motor

el motor

benzine

la nafta

benzinepomp

la estación de servicio

verkeersbord

la señal de tránsito

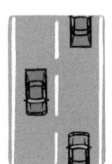

verkeer

el tránsito

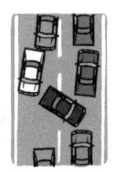

file

el embotellamiento

parkeerplaats

el estacionamiento

station

la estación de tren

rails

las vías

trein

el tren

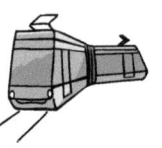

tram

el tranvía

wagon

el vagón

helikopter

el helicóptero

luchthaven

el aeropuerto

toren

la torre

passagier

el pasajero

container

el contenedor

verhuisdoos

la caja de cartón

kar

la carretilla

mand

la canasta

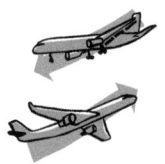

opstijgen / landen

despegar / aterrizar

stad

la ciudad

dorp

el pueblo

stadscentrum

el centro de la ciudad

huis

la casa

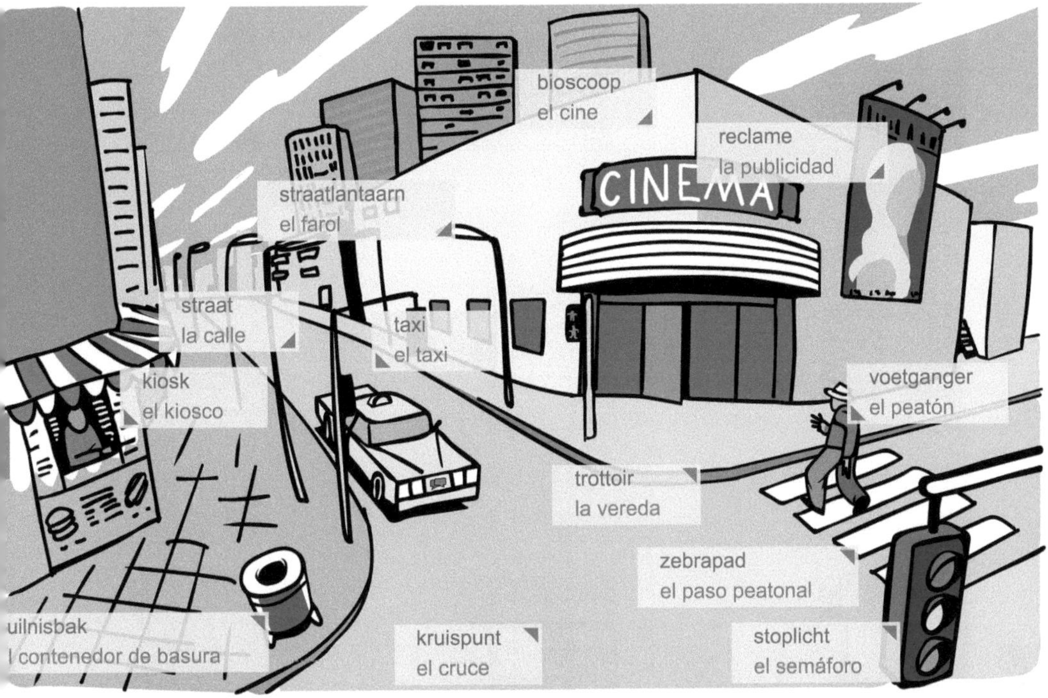

bioscoop
el cine
reclame
la publicidad
CINEMA
straatlantaarn
el farol
straat
la calle
taxi
el taxi
kiosk
el kiosco
voetganger
el peatón
trottoir
la vereda
zebrapad
el paso peatonal
uilnisbak
l contenedor de basura
kruispunt
el cruce
stoplicht
el semáforo

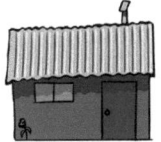

hut

la cabaña

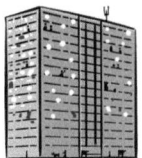

appartement

el departamento

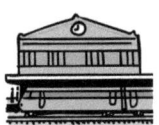

station

la estación de tren

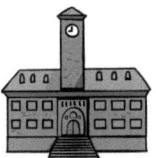

stadhuis

la municipalidad

MUSEUM

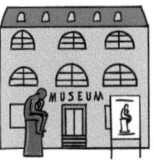

museum

el museo

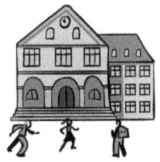

school

el colegio

universiteit

la universidad

bank

el banco

ziekenhuis

el hospital

hotel

el hotel

apotheek

la farmacia

kantoor

la oficina

boekenwinkel

la librería

winkel

el negocio

bloemenwinkel

la florería

supermarkt

el supermercado

markt

el mercado

warenhuis

las grandes tiendas

visboer

la pescadería

winkelcentrum

el centro comercial

haven

el puerto

park
el parque

bank
el banco

brug
el puente

trap
las escaleras

metro
el subte

tunnel
el túnel

bushalte
la parada del colectivo

bar
el bar

restaurant
el restaurante

brievenbus
el buzón

straatnaambord
el letrero

parkeermeter
el parquímetro

dierentuin
el zoológico

zwembad
la pileta

moskee
la mezquita

boerderij
la granja

vervuiling
la contaminación

begraafplaats
el cementerio

kerk
la iglesia

speelplaats
los juegos infantiles

tempel
el templo

landschap
el paisaje

blad
la hoja

wegwijzer
el poste indicador

weg
el camino

weide
la pradera

steen
la piedra

boom
el árbol

wandelaar
el excursionista

rivier
el río

gras
la hierba

bloem
la flor

vallei
el valle

berg
la montaña

meer
el lago

bos
el bosque

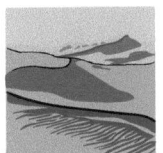

woestijn
el desierto

vulkaan
el volcán

kasteel
el castillo

regenboog
el arco iris

paddenstoel
el champiñón

palmboom
la palmera

mug
el mosquito

vlieg
la mosca

mier
la hormiga

bij
la abeja

spin
la araña

kever

el escarabajo

kikker

la rana

eekhoorn

la ardilla

egel

el erizo

haas

la liebre

uil

la lechuza

vogel

el pájaro

zwaan

el cisne

wild zwijn

el jabalí

hert

el ciervo

eland

el alce

stuwdam

la presa

windmolen

el aerogenerador

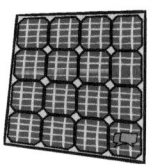

zonnepaneel

el panel solar

klimaat

el clima

restaurant
el restaurante

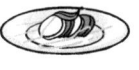

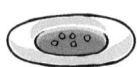

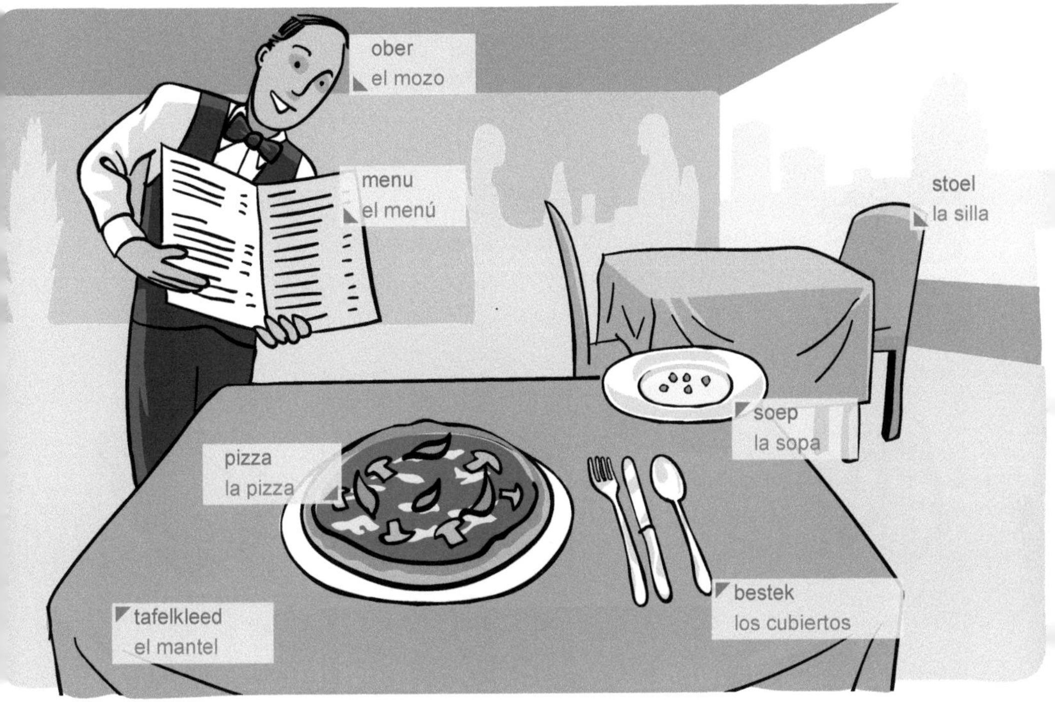
ober
el mozo
menu
el menú
stoel
la silla
soep
la sopa
pizza
la pizza
bestek
los cubiertos
tafelkleed
el mantel

voorgerecht

la entrada

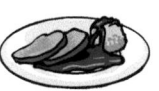

hoofdgerecht

el plato principal

toetje

el postre

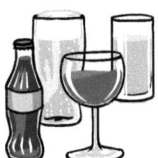

dranken

las bebidas

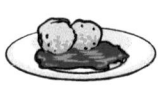

eten

la comida

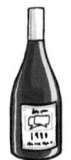

fles

la botella

fastfood

la comida rápida

eetkraampje

la comida callejera

theepot

la tetera

suikerpot

la azucarera

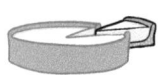

portie

la porción

espressomachine

la cafetera expreso

kinderstoel

la sillita alta

rekening

la cuenta

dienblad

la bandeja

mes

el cuchillo

vork

el tenedor

lepel

la cuchara

theelepel

la cucharita

servet

la servilleta

glas

el vaso

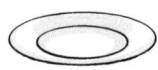

bord
el plato

soepbord
el plato hondo

schotel
el plato

saus
la salsa

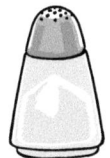

zoutvaatje
el salero

pepermolen
el molinillo de pimienta

azijn
el vinagre

olie
el aceite

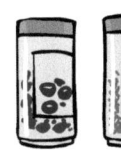

kruiden
las especias

ketchup
el kétchup

mosterd
la mostaza

mayonaise
la mayonesa

supermarkt
el supermercado

aanbieding
la oferta especial
FOR
klant
el cliente
zuivelproducten
los lácteos
fruit
la fruta
winkelwagen
el changuito

BUTCHERS

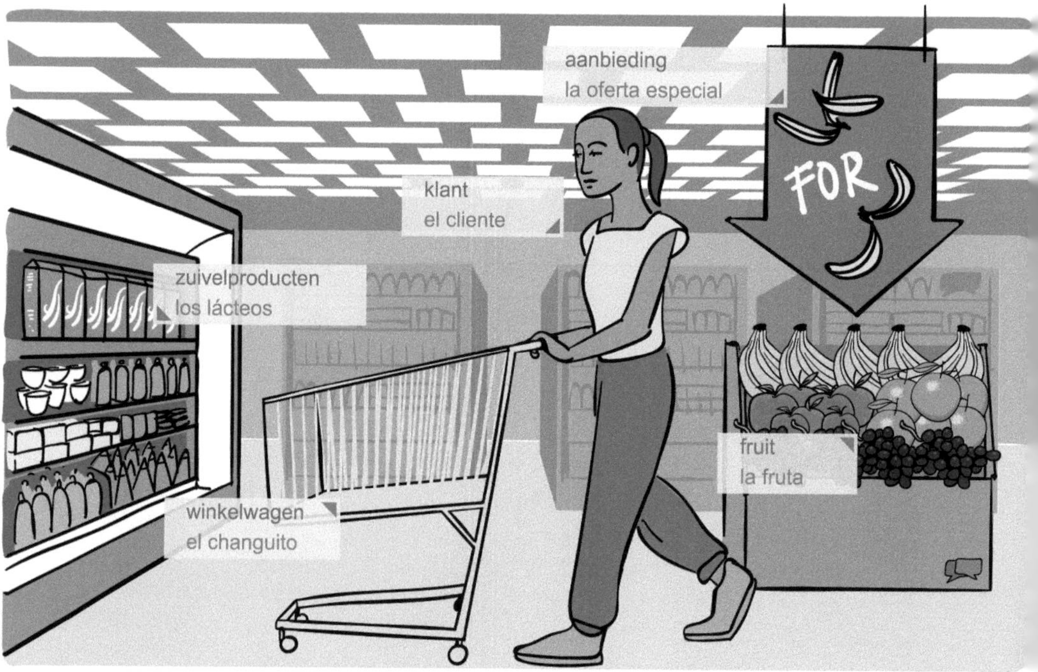

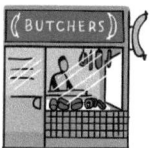

slager
la carnicería

BAKERY

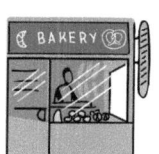

bakkerij
la panadería

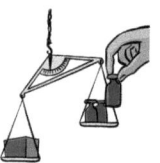

wegen
pesar

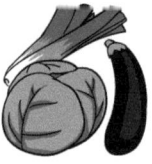

groente
las verduras

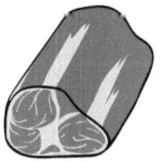

vlees
la carne

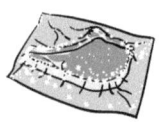

diepvriesproducten
los alimentos congelados

vleeswaren	**conserven**	**wasmiddel**
los fiambres	los alimentos enlatados	el detergente en polvo

snoepgoed	**huishoudelijke artikelen**	**schoonmaakmiddel**
las golosinas	los electrodomésticos	los productos de limpieza

verkoopster	**kassa**	**kassier**
la vendedora	la caja	el cajero

boodschappenlijstje	**openingstijden**	**portefeuille**
la lista de compras	el horario de atención	la billetera

creditkaart	**tas**	**plastic zak**
la tarjeta de crédito	la cartera	la bolsa de plástico

water

el agua

sap

el jugo

melk

la leche

cola

la bebida cola

wijn

el vino

bier

la cerveza

alcohol

el alcohol

chocolademelk

el cacao

thee

el té

koffie

el café

espresso

el café expreso

cappuccino

el cappuccino

banaan

la banana

appel

la manzana

sinaasappel

la naranja

watermeloen

el melón

citroen

el limón

wortel

la zanahoria

knoflook

el ajo

bamboe

el bambú

ui

la cebolla

paddenstoel

el champiñón

noten

las nueces

pasta

los fideos

spaghetti

los tallarines

rijst

el arroz

salade

la ensalada

friet

las papas fritas

gebakken aardappelen

las papas fritas

pizza

la pizza

hamburger

la hamburguesa

sandwich

el sándwich

schnitzel

el churrasco

ham

el jamón

salami

el salame

worst

la salchicha

kip

el pollo

gebraad

el asado

vis

el pescado

havermout

los copos de avena

muesli

el muesli

cornflakes

los copos de maíz

meel

la harina

croissant

la medialuna

broodjes

el pancito

brood

el pan

toast

la tostada

koekjes

las galletitas

boter

la manteca

kwark

la cuajada

taart

la torta

ei

el huevo

gebakken ei

el huevo frito

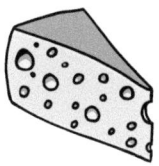

kaas

el queso

ijs

el helado

suiker

el azúcar

honing

la miel

jam

la mermelada

chocoladepasta

la pasta de chocolate

kerrie

el curry

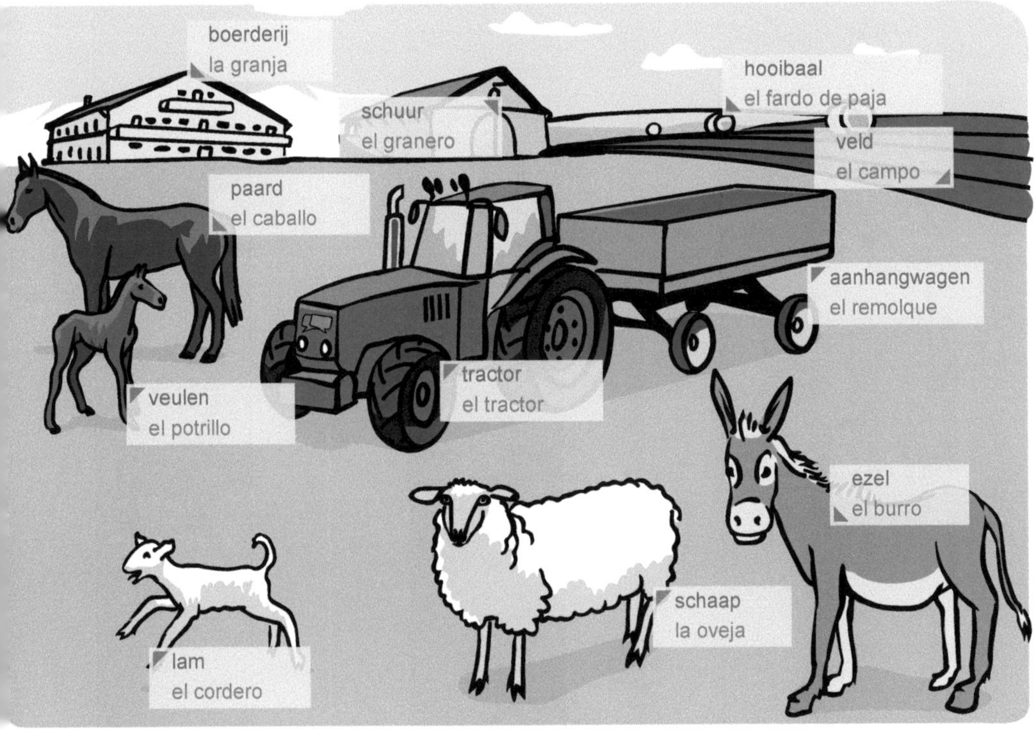

boerderij
la granja

hooibaal
el fardo de paja

schuur
el granero

veld
el campo

paard
el caballo

aanhangwagen
el remolque

veulen
el potrillo

tractor
el tractor

ezel
el burro

lam
el cordero

schaap
la oveja

geit

la cabra

koe

la vaca

kalf

el ternero

varken

el cerdo

big

el lechón

stier

el toro

gans
el ganso

eend
el pato

kuiken
el pollo

kip
la gallina

haan
el gallo

rat
la rata

kat
el gato

muis
el ratón

os
el buey

hond
el perro

hondenhok
la cucha

tuinslang
la manguera

gieter
la regadera

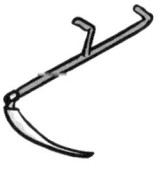

zeis
la guadaña

ploeg
el arado

sikkel

la hoz

schoffel

la azada

hooivork

la horquilla

bijl

el hacha

kruiwagen

la carretilla

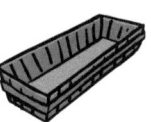

trog

el abrevadero

melkbus

la lechera

zak

la bolsa

hek

la reja

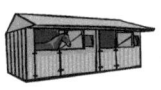

stal

el establo

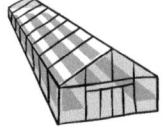

broeikas

el invernadero

grond

el suelo

zaad

la semilla

mest

el fertilizador

maaidorser

la cosechadora

oogsten
cosechar

oogst
la cosecha

yam
las batatas

tarwe
el trigo

soja
la soja

aardappel
la papa

maïs
el maíz

koolzaad
la semilla de colza

fruitboom
el árbol frutal

maniok
la mandioca

granen
los cereales

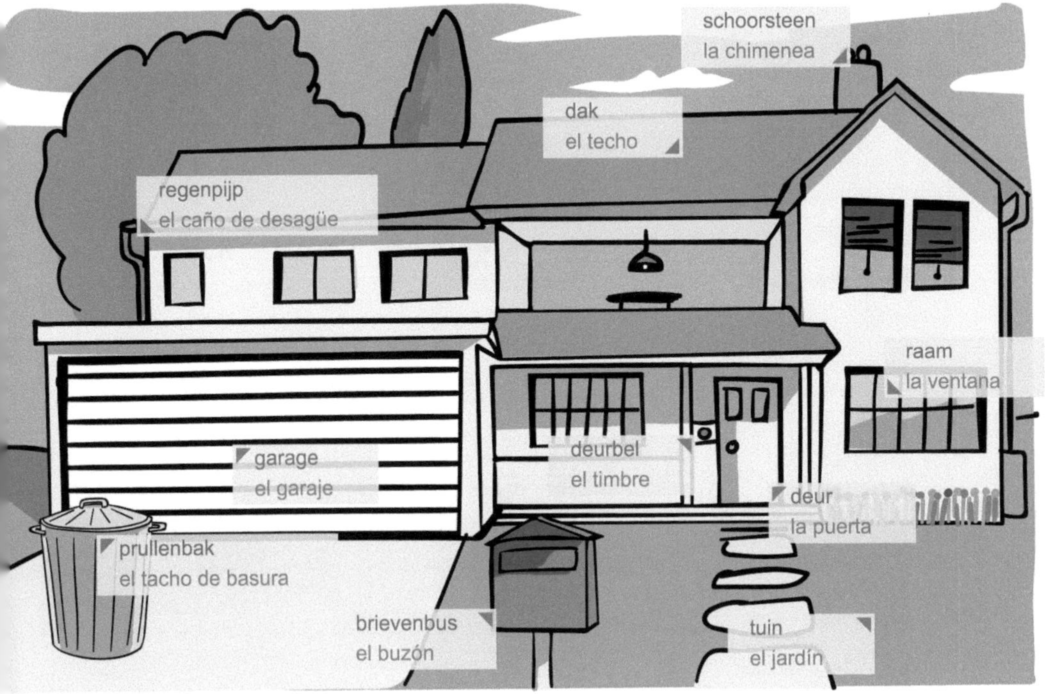

schoorsteen
la chimenea

dak
el techo

regenpijp
el caño de desagüe

raam
la ventana

garage
el garaje

deurbel
el timbre

deur
la puerta

prullenbak
el tacho de basura

brievenbus
el buzón

tuin
el jardín

woonkamer

el living

badkamer

el baño

keuken

la cocina

slaapkamer

el dormitorio

kinderkamer

el cuarto de los chicos

eetkamer

el comedor

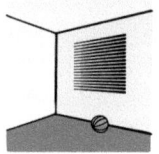

vloer
el piso

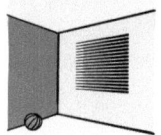

muur
la pared

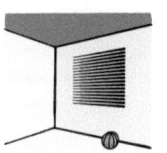

plafond
el cielorraso

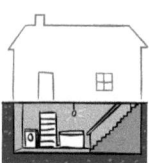

kelder
el sótano

sauna
el sauna

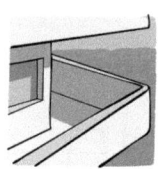

balkon
el balcón

terras
la terraza

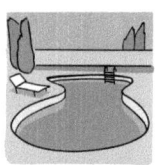

zwembad
la pileta

grasmaaier
la cortadora de pasto

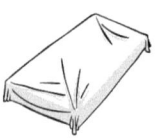

laken
la sábana

bedsprei
el acolchado

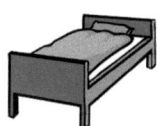

bed
la cama

bezem
la escoba

emmer
el balde

schakelaar
el interruptor

woonkamer
el living

behang
el empapelado
foto
la imagen
lamp
la lámpara
plank
el estante
kast
el armario
televisie
la televisión
open haard
la chimenea
bloem
la flor
kussen
el almohadón
bankstel
el sofá
vaas
el florero
afstandsbediening
el control remoto

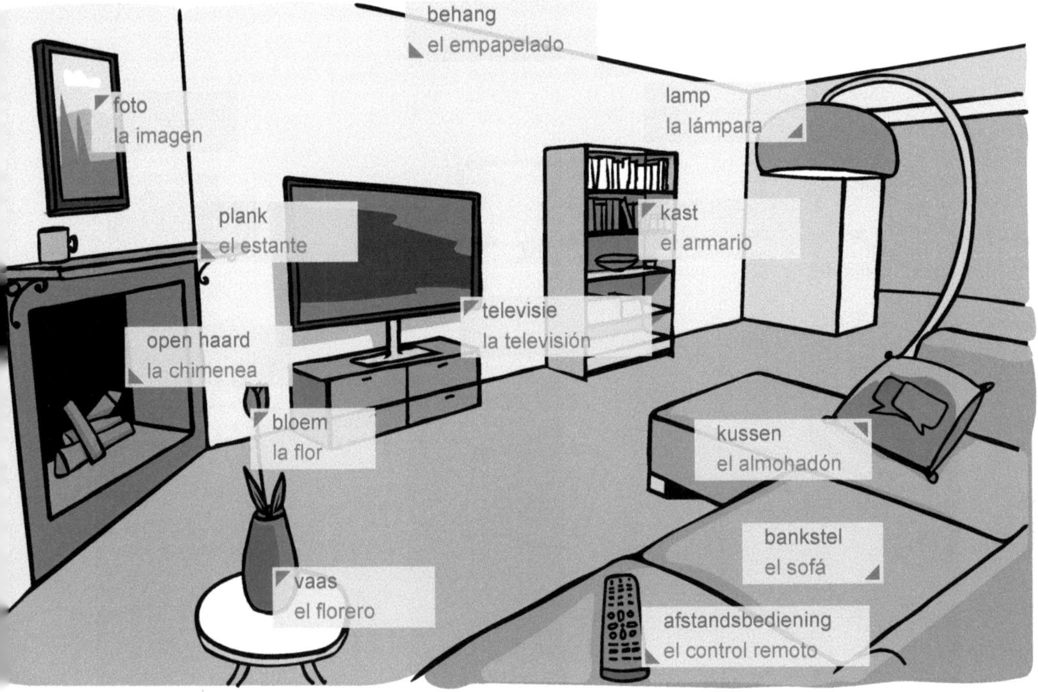

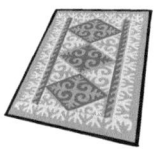

tapijt

la alfombra

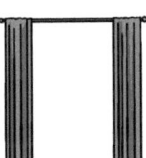

gordijn

la cortina

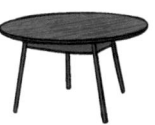

tafel

la mesa

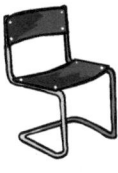

stoel

la silla

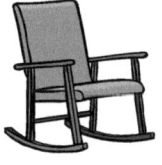

schommelstoel

la mecedora

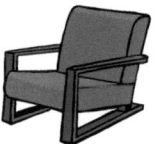

stoel

el sillón

boek

el libro

deken

la frazada

decoratie

la decoración

brandhout

la leña

film

la película

stereo-installatie

el equipo de música

sleutel

la llave

krant

el diario

schilderij

la pintura

poster

el póster

radio

la radio

kladblok

el cuaderno

stofzuiger

la aspiradora

cactus

el cactus

kaars

la vela

keuken
la cocina

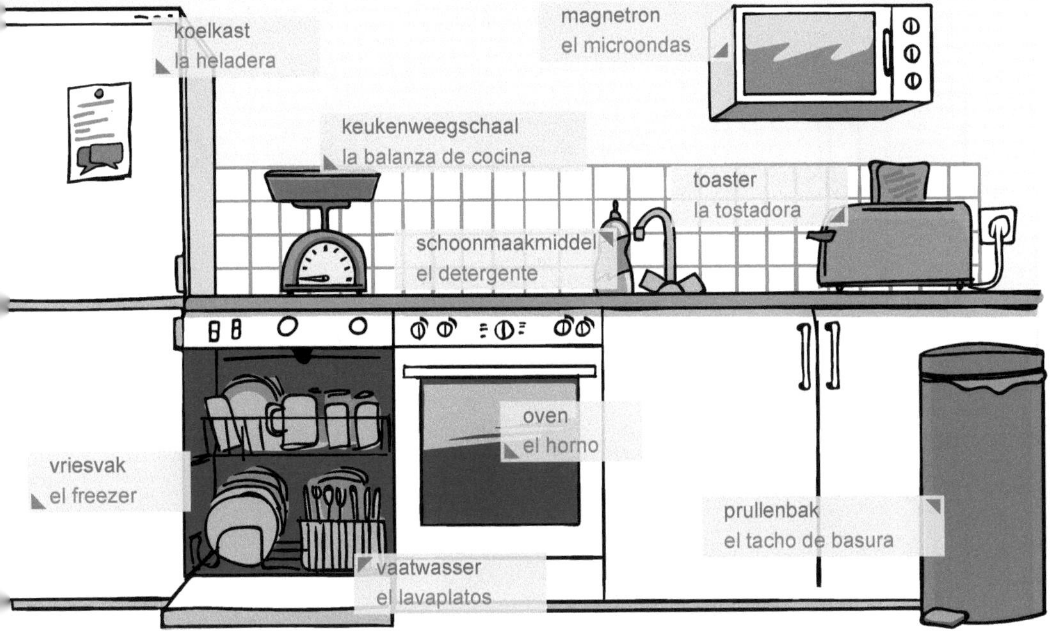
koelkast
la heladera
magnetron
el microondas
keukenweegschaal
la balanza de cocina
toaster
la tostadora
schoonmaakmiddel
el detergente
oven
el horno
vriesvak
el freezer
prullenbak
el tacho de basura
vaatwasser
el lavaplatos

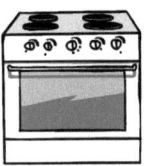

fornuis

la cocina

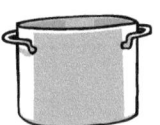

pan

la olla

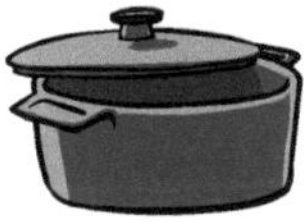

gietijzeren pan

la olla de hierro fundido

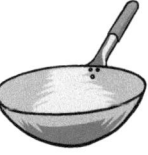

wok / kadai

el wok

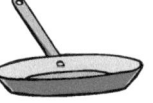

koekenpan

la sartén

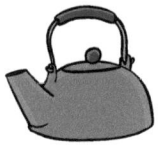

ketel

la pava

stoomkoker

la vaporera

bakplaat

la bandeja de horno

servies

la vajilla

beker

la taza

kom

el bol

eetstokjes

los palitos

soeplepel

el cucharón

spatel

la espátula

garde

la batidora

vergiet

el colador

zeef

el colador

rasp

el rallador

vijzel

el mortero

barbecue

la parrilla

vuurhaard

la fogata

snijplank
la tabla de picar

deegroller
el palo de amasar

kurkentrekker
el sacacorchos

blik
la lata

blikopener
el abrelatas

pannenlap
la manopla

wasbak
la pileta

borstel
el cepillo

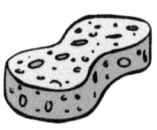

spons
la esponja

blender
la batidora

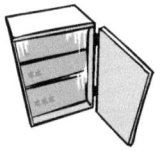

vriezer
el congelador

babyflesje
la mamadera

kraan
la canilla

badkamer

el baño

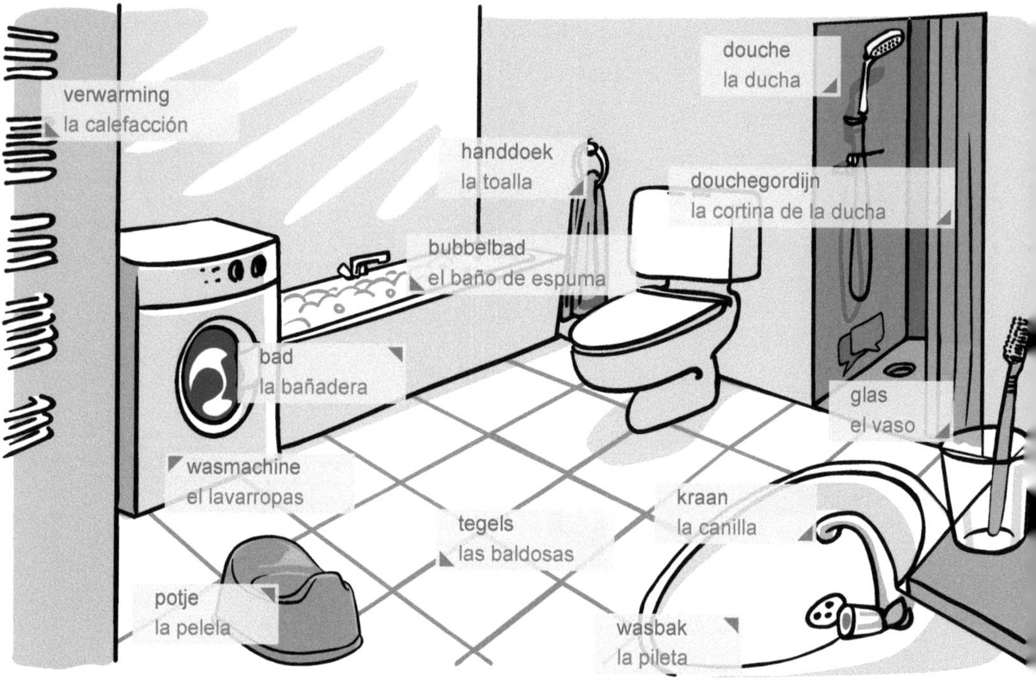

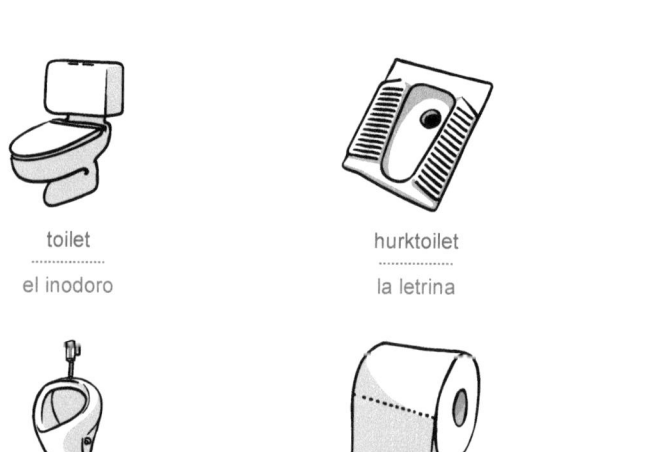

verwarming
la calefacción
handdoek
la toalla
douche
la ducha
douchegordijn
la cortina de la ducha
bubbelbad
el baño de espuma
bad
la bañadera
glas
el vaso
wasmachine
el lavarropas
kraan
la canilla
tegels
las baldosas
potje
la pelela
wasbak
la pileta

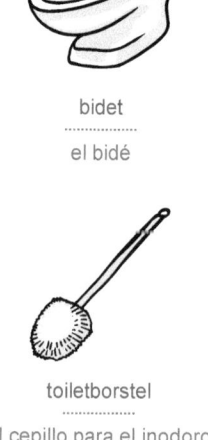

toilet

el inodoro

hurktoilet

la letrina

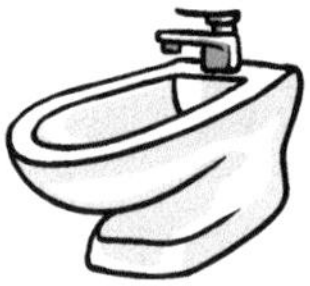

bidet

el bidé

urinoir

el mingitorio

toiletpapier

el papel higiénico

toiletborstel

el cepillo para el inodoro

tandenborstel

el cepillo de dientes

tandpasta

el dentífrico

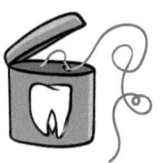

flosdraad

el hilo dental

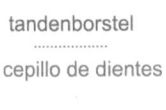

wassen

lavar

handdouche

la ducha de mano

toiletdouche

la ducha higiénica

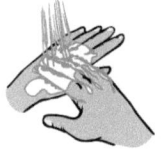

waskom

la palangana

rugborstel

el cepillo para la espalda

zeep

el jabón

douchegel

el gel de ducha

shampoo

el shampoo

washanje

la toallita

afvoer

el desagüe

creme

la crema

deodorant

el desodorante

spiegel

el espejo

make-upspiegel

el espejito

scheermes

la maquinita de afeitar

scheerschuim

la espuma de afeitar

aftershave

el aftershave

kam

el peine

borstel

el cepillo

haardroger

el secador de pelo

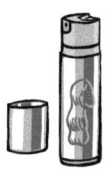

haarspray

el spray

make-up

el maquillaje

lippenstift

el lápiz de labios

nagellak

el esmalte para uñas

watten

el algodón

nagelschaartje

la tijera para uñas

parfum

el perfume

toilettas

el portacosméticos

kruk

la banqueta

weegschaal

la balanza

badjas

la bata

rubber handschoenen

los guantes de goma

tampon

el tampón

maandverband

la toallita femenina

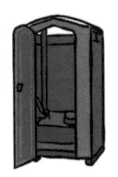

chemisch toilet

el baño químico

kinderkamer

el cuarto de los chicos

wekker
el despertador
knuffeldier
el peluche
speelgoedauto
el coche de juguete
rammelaar
el sonajero
poppenhuis
la casa de muñecas
cadeau
el regalo

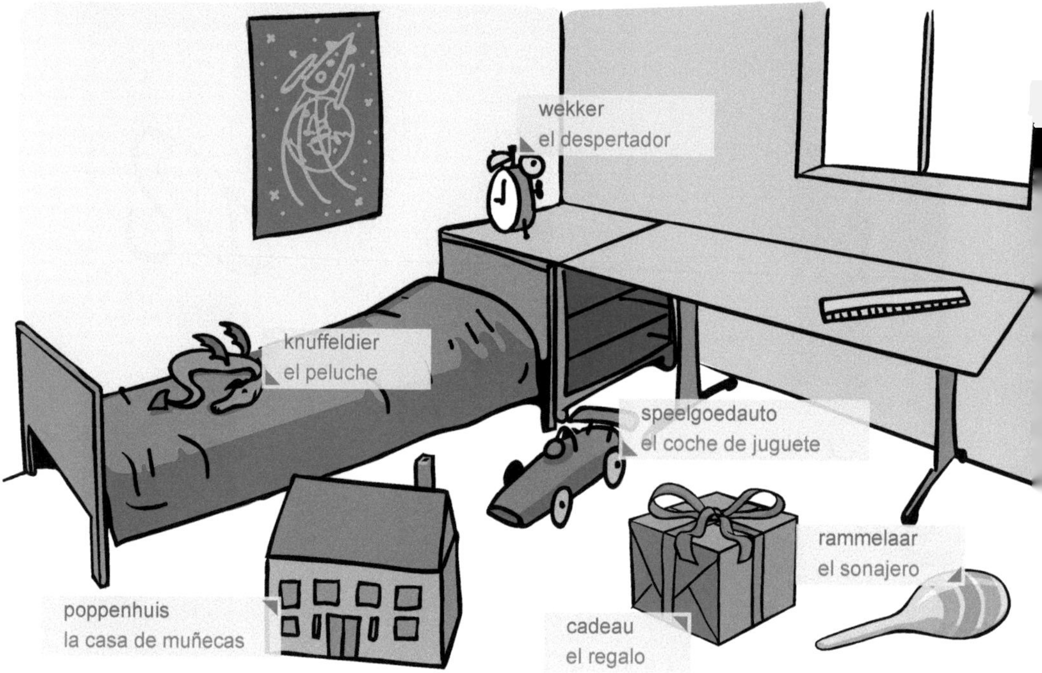

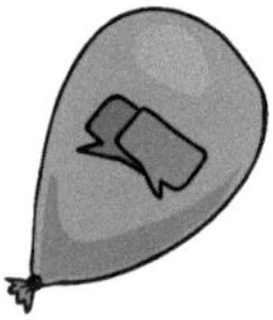

ballon

el globo

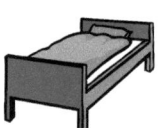

bed

la cama

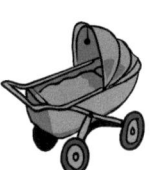

kinderwagen

el cochecito

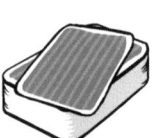

kaartspel

las cartas

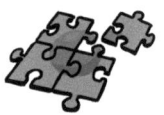

puzzel

el rompecabezas

SUPER
MEGA

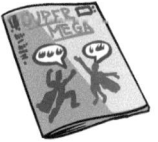

stripverhaal

la historieta

legostenen

las piezas de lego

speelgoedblokken

los ladrillos de juguete

actiefiguurtje

la figura de acción

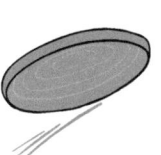

romper

el enterito (de bebé)

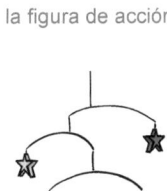

frisbee

el frisbee

mobile

el móvil para bebés

bordspel

el juego de mesa

dobbelsteen

los dados

modeltrein

el tren eléctrico

speen

el chupete

feestje

la fiesta

prentenboek

el libro de cuentos ilustrado

bal

la pelota

pop

la muñeca

spelen

jugar

zandbak
el arenero

schommel
la hamaca

speelgoed
los juguetes

spelcomputer
la consola de videojuegos

driewieler
el triciclo

teddybeer
el osito de peluche

kleerkast
el armario

kleding
la ropa

sokken
las medias

kousen
las medias panty

panty
las calzas

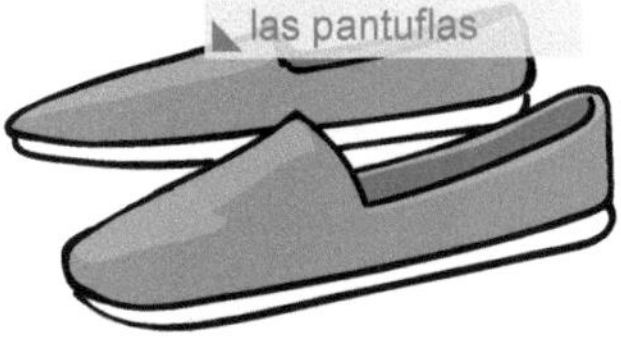

sjaal
la bufanda

paraplu
el paraguas

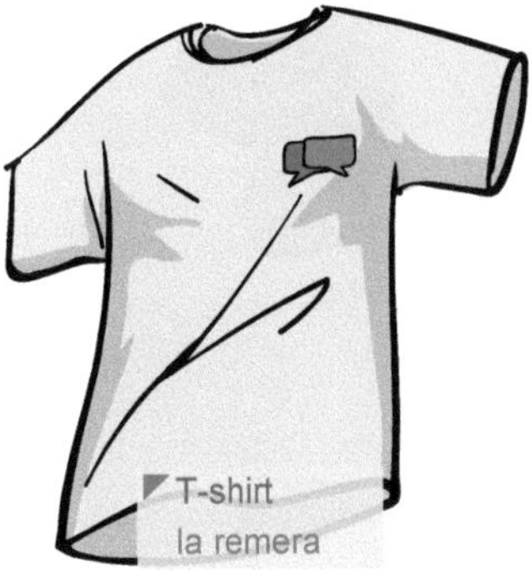

T-shirt
la remera

riem
el cinturón

laarzen
las botas

pantoffels
las pantuflas

sportschoenen
las zapatillas

sandalen
....
las sandalias

schoenen
....
los zapatos

rubberlaarzen
....
las botas de goma

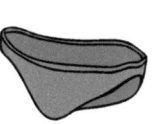

onderbroek
....
la ropa interior

beha
....
el corpiño

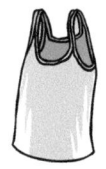

onderhemd
....
el chaleco

body
....
el body

broek
....
los pantalones

spijkerbroek
....
los jeans

rok
....
la pollera

blouse
....
la blusa

overhemd
....
la camisa

trui
....
el pulóver

hoody
....
el buzo

blazer
....
el blazer

jas
....
la campera

mantel
....
el tapado

regenjas
....
el piloto

kostuum
....
el traje

jurk
....
el vestido

trouwjurk
....
el vestido de novia

pak

el traje

nachthemd

el camisón

pyjama

el pijama

sari

el sari

hoofddoek

el pañuelo para la cabeza

tulband

el turbante

boerka

la burka

kaftan

el caftán

abaja

la abaya

zwempak

el traje de baño

zwembroek

el short de baño

korte broek

los shorts

trainingspak

el jogging

schort

el delantal

handschoenen

los guantes

knoop

el botón

bril

los anteojos

armband

la pulsera

ketting

el collar

ring

el anillo

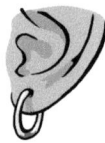

oorbel

el aro

pet

la gorra

kledinghanger

la percha

hoed

el sombrero

stropdas

la corbata

rits

el cierre

helm

el casco

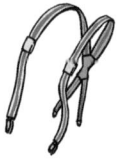

bretels

los tiradores

schooluniform

el uniforme escolar

uniform

el uniforme

slabbetje

el babero

speen

el chupete

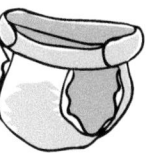

luier

el pañal

kantoor
la oficina

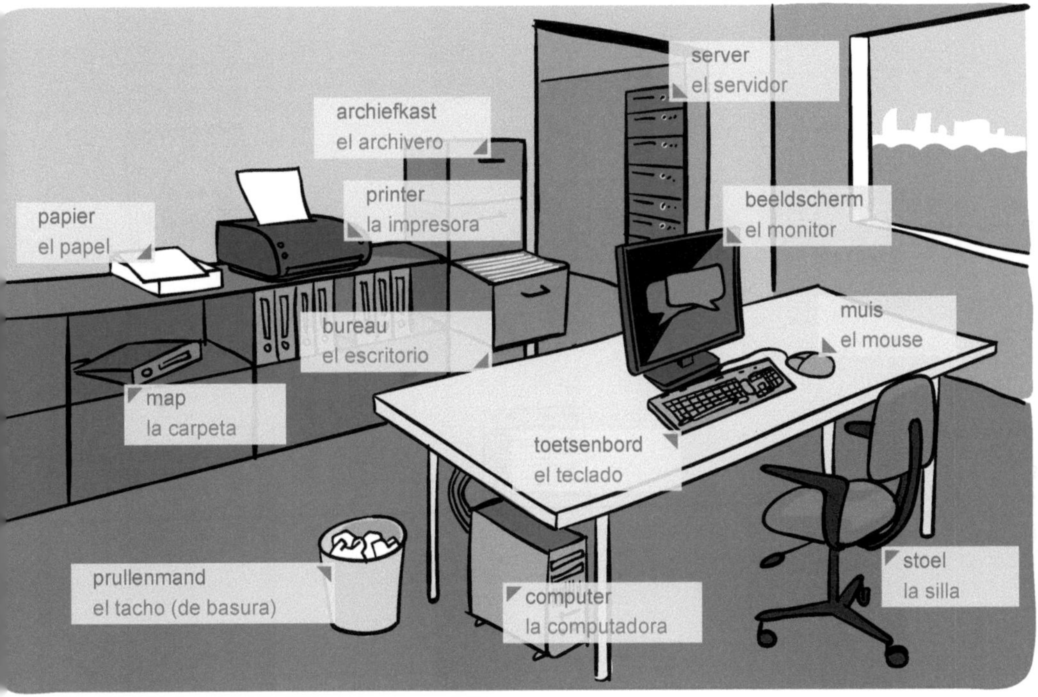

server
el servidor

archiefkast
el archivero

printer
la impresora

beeldscherm
el monitor

papier
el papel

muis
el mouse

bureau
el escritorio

map
la carpeta

toetsenbord
el teclado

prullenmand
el tacho (de basura)

stoel
la silla

computer
la computadora

koffiemok

la taza de café

rekenmachine

la calculadora

internet

el internet

laptop
la laptop

brief
la carta

bericht
el mensaje

mobiele telefoon
el celular

netwerk
la red

kopieermachine
la fotocopiadora

software
el software

telefoon
el teléfono

stopcontact
el tomacorriente

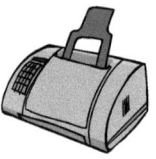

fax
el fax

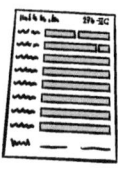

formulier
el formulario

document
el documento

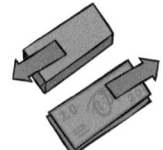

kopen

comprar

betalen

pagar

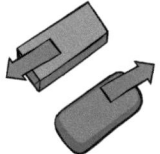

handel drijven

hacer negocios

geld

el dinero

dollar

el dólar

euro

el euro

yen

el yen

roebel

el rublo

Zwitserse frank

el franco suizo

renminbi yuan

el yuan

roepie

la rupia

geldautomaat

el cajero automático

wisselkantoor

la casa de cambio

goud

el oro

zilver

la plata

olie

el petróleo

energie

la energía

prijs

el precio

contract

el contrato

belasting

el impuesto

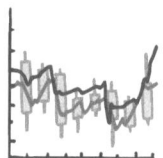

aandeel

la acción

werken

trabajar

werknemer

el empleado

werkgever

el empleador

fabriek

la fábrica

winkel

el negocio

beroepen
las ocupaciones

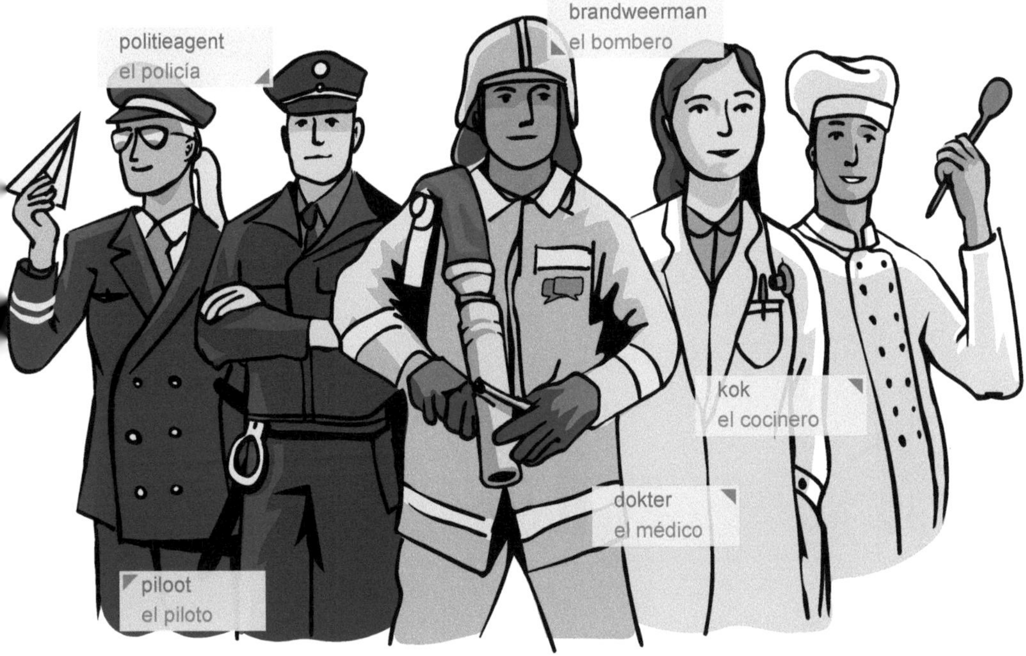
politieagent
el policía
brandweerman
el bombero
kok
el cocinero
dokter
el médico
piloot
el piloto

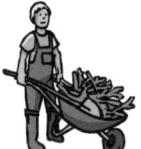

tuinman
el jardinero

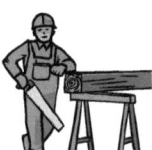

timmerman
el carpintero

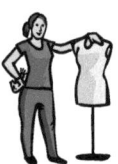

naaister
la modista

rechter
el juez

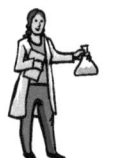

scheikundige
el farmacéutico

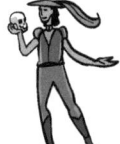

toneelspeler
el actor

buschauffeur

el colectivero

taxichauffeur

el taxista

visser

el pescador

schoonmaakster

la mucama

dakdekker

el techista

ober

el mozo

jager

el cazador

schilder

el pintor

bakker

el panadero

elektricien

el electricista

bouwvakker

el albañil

ingenieur

el ingeniero

slager

el carnicero

loodgieter

el plomero

postbode

el cartero

soldaat

el soldado

architect

el arquitecto

kassier

el cajero

bloemist

el florista

kapper

el peluquero

conducteur

el cobrador

monteur

el mecánico

kapitein

el capitán

tandarts

el dentista

wetenschapper

el científico

rabbi

el rabino

imam

el imán

monnik

el monje

pastoor

el sacerdote

gereedschap
las herramientas

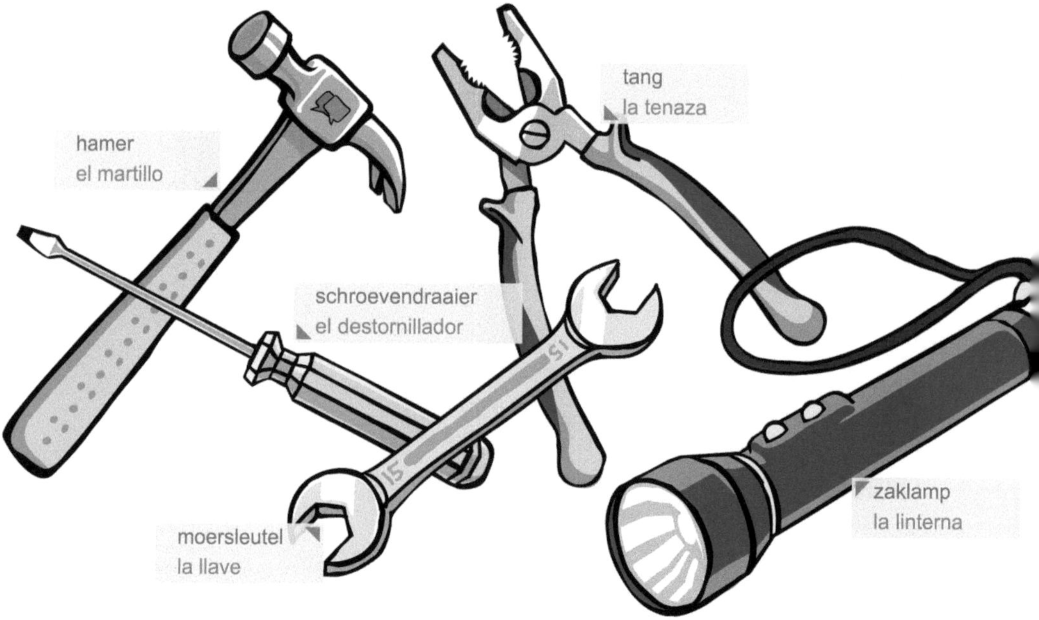
hamer
el martillo
tang
la tenaza
schroevendraaier
el destornillador
moersleutel
la llave
zaklamp
la linterna

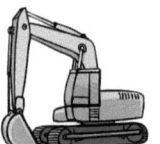

graafmachine

la excavadora

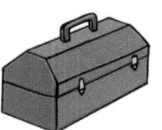

gereedschapskist

la caja de herramientas

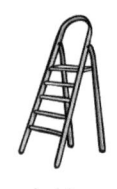

ladder

la escalera portátil

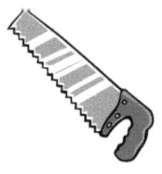

zaag

la sierra

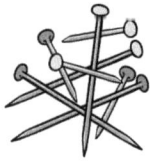

spijkers

los clavos

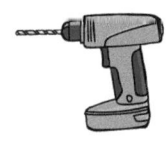

boor

el taladro

repareren
....
arreglar

schep
....
la pala de jardín

Verdorie!
....
¡Qué bronca!

stofblik
....
la pala de plástico

verfpot
....
el tacho de pintura

schroeven
....
los tornillos

muziekinstrumenten
los instrumentos musicales

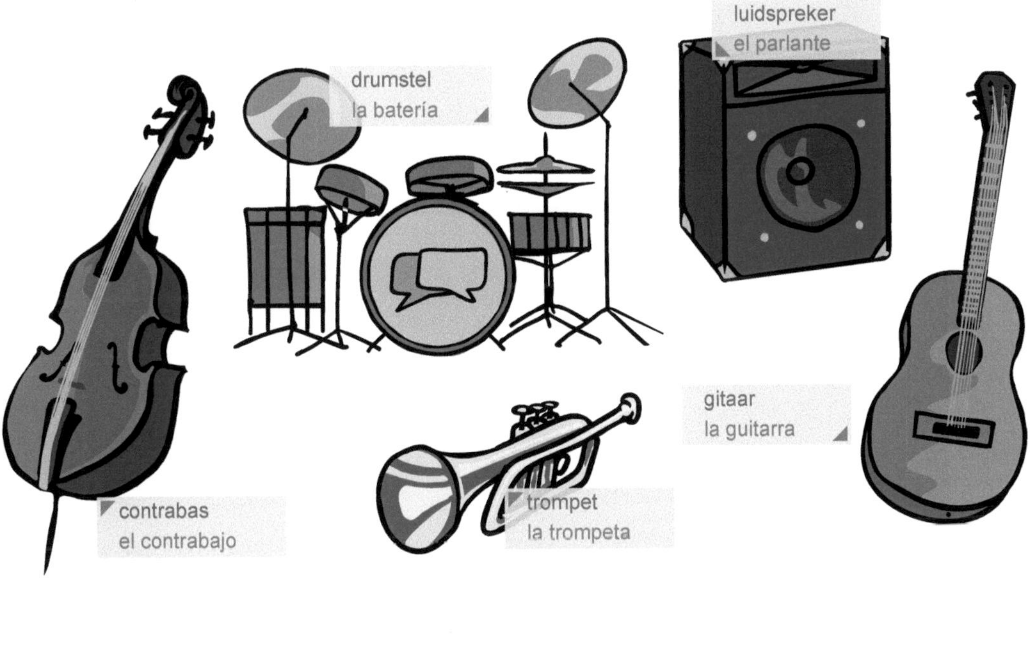

drumstel
la batería

luidspreker
el parlante

gitaar
la guitarra

contrabas
el contrabajo

trompet
la trompeta

piano
el piano

viool
el violín

bas
el bajo

pauk
los timbales

trommel
el tambor

keyboard
el teclado

saxofoon
el saxofón

fluit
la flauta

microfoon
el micrófono

dierentuin
el zoológico

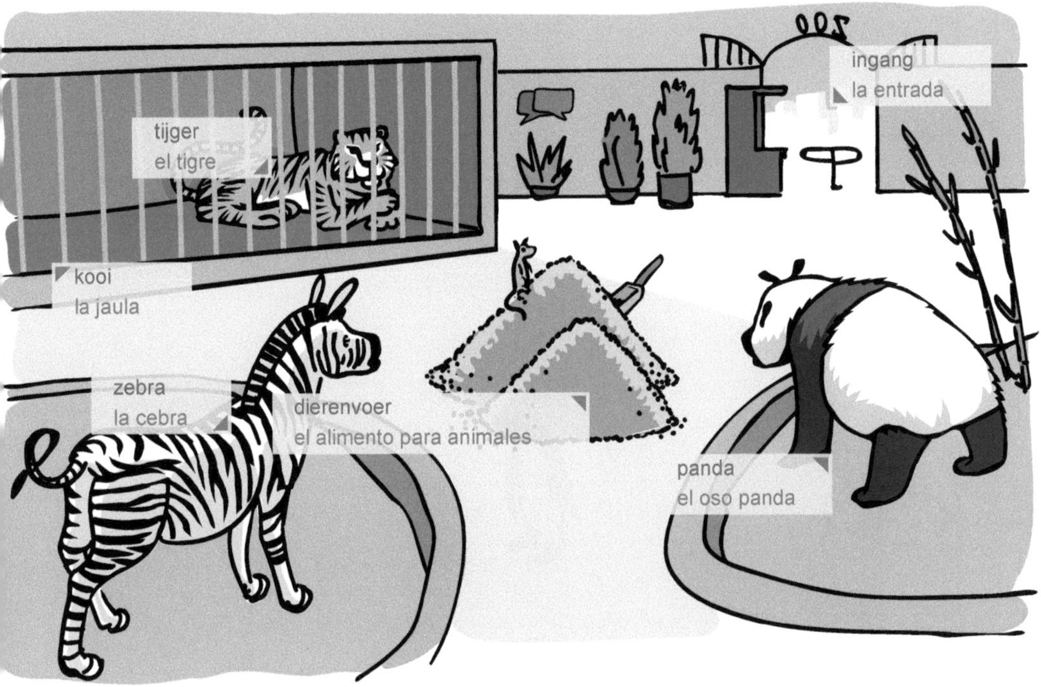

zoo
ingang
la entrada
tijger
el tigre
kooi
la jaula
zebra
la cebra
dierenvoer
el alimento para animales
panda
el oso panda

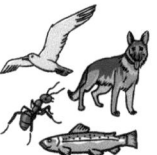

dieren

los animales

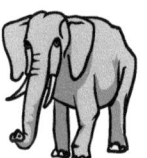

olifant

el elefante

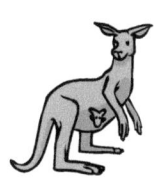

kangoeroe

el canguro

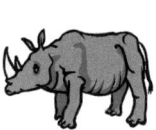

neushoorn

el rinoceronte

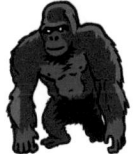

gorilla

el gorila

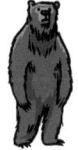

beer

el oso

kameel

el camello

struisvogel

el avestruz

leeuw

el león

aap

el mono

flamingo

el flamenco

papegaai

el loro

ijsbeer

el oso polar

pinguïn

el pingüino

haai

el tiburón

pauw

el pavo real

slang

la serpiente

krokodil

el cocodrilo

dierenverzorger

el cuidador del zoológico

zeehond

la foca

jaguar

el jaguar

pony
el poni

luipaard
el leopardo

nijlpaard
el hipopótamo

giraffe
la jirafa

adelaar
el águila

wild zwijn
el jabalí

vis
el pescado

schildpad
la tortuga

walrus
la morsa

vos
el zorro

gazelle
la gacela

American football
el fútbol americano

wielrennen
el ciclismo

tennis
el tenis

basketbal
el básquet

zwemmen
la natación

boksen
el boxeo

ijshockey
el hockey sobre hielo

voetbal
el fútbol

badminton
el bádminton

atletiek
el atletismo

handbal
el handball

skiën
el esquí

polo
el polo

activiteiten
las actividades

springen
saltar
knuffelen
abrazar
lachen
reír
lopen
caminar
zingen
cantar
dromen
soñar
bidden
rezar
kussen
besar

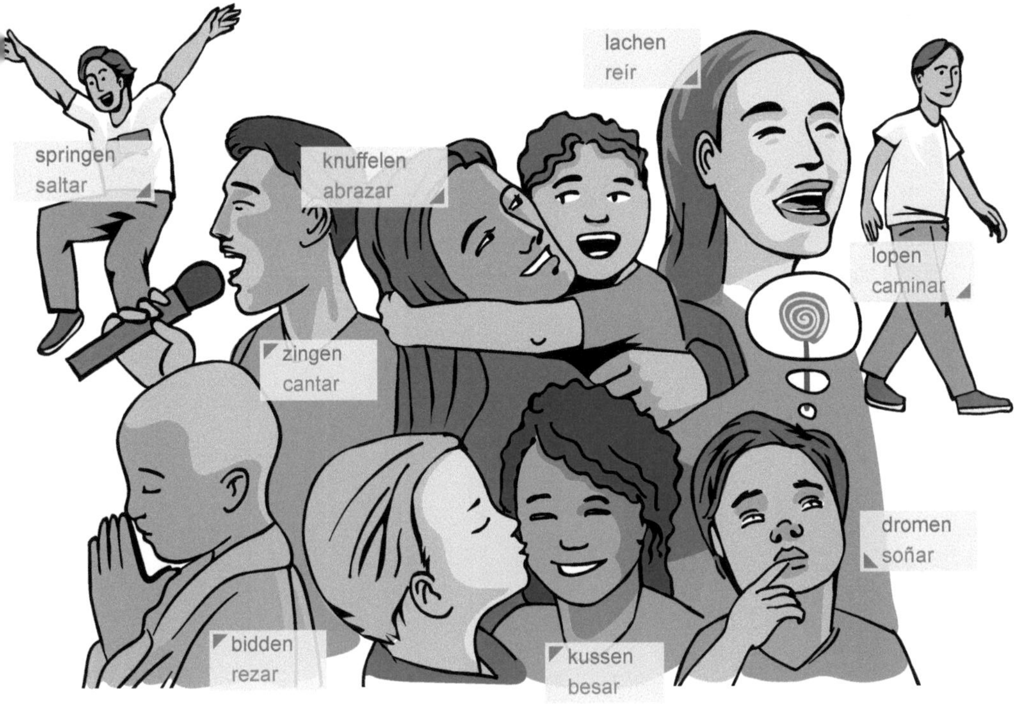

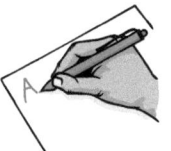

schrijven

escribir

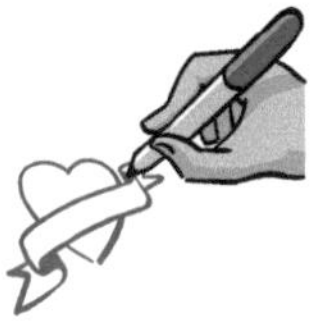

tekenen

dibujar

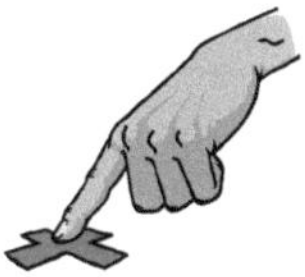

tonen

mostrar

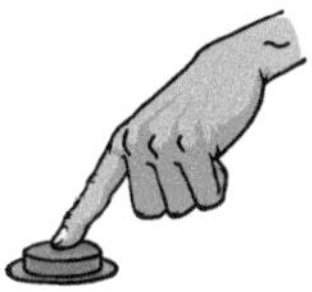

duwen

presionar

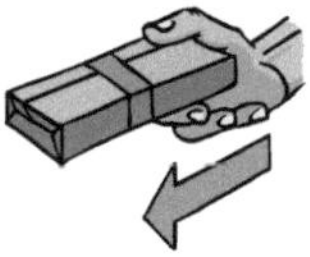

geven

dar

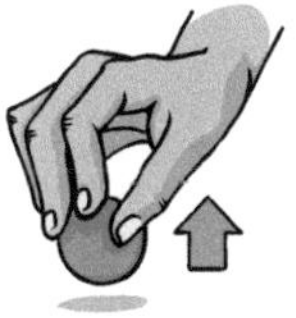

oppakken

tomar

hebben
tener

doen
hacer

zijn
ser

staan
estar parado

rennen
correr

trekken
tirar

gooien
tirar

vallen
caer

liggen
estar acostado

wachten
esperar

dragen
llevar

zitten
estar sentado

aankleden
vestirse

slapen
dormir

wakker worden
despertar

bekijken

mirar

huilen

llorar

strelen

acariciar

kammen

peinar

praten

hablar

begrijpen

entender

vragen

preguntar

horen

escuchar

drinken

beber

eten

comer

opruimen

ordenar

houden van

amar

koken

cocinar

rijden

manejar

vliegen

volar

zeilen

navegar

rekenen

calcular

lezen

leer

leren

aprender

werken

trabajar

trouwen

casarse

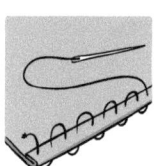

naaien

coser

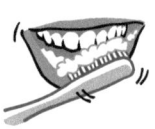

tandenpoetsen

cepillarse los dientes

doden

matar

roken

fumar

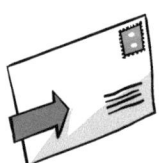

verzenden

enviar

grootmoeder
la abuela

grootvader
el abuelo

vader
el padre

moeder
la madre

baby
el bebé

dochter
la hija

zoon
el hijo

gast

el invitado

tante

la tía

oom

el tío

broer

el hermano

zus

la hermana

lichaam

el cuerpo

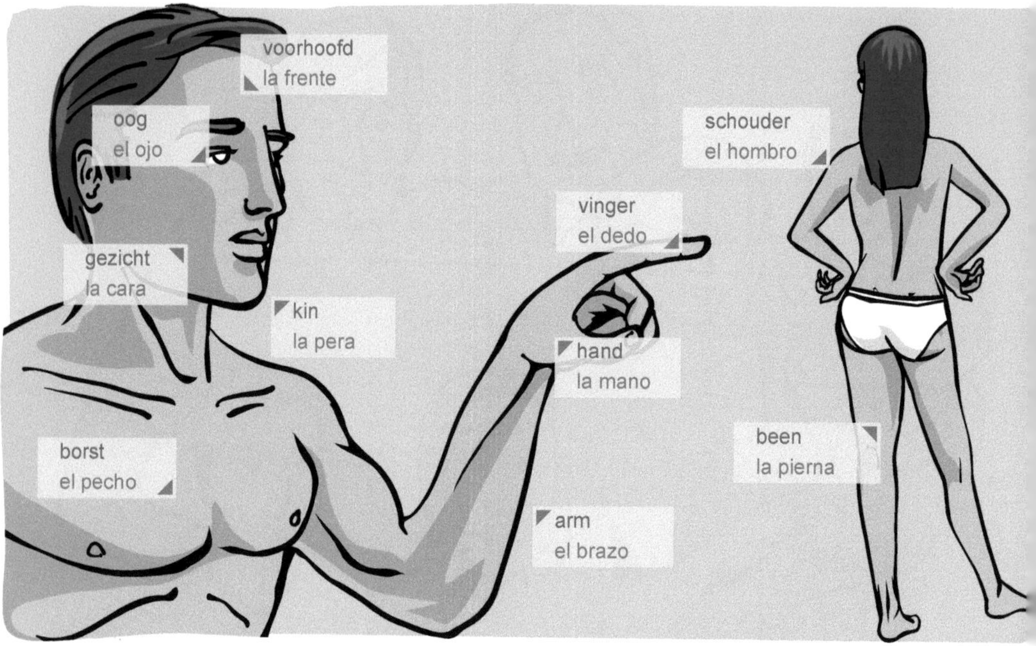

voorhoofd
la frente

oog
el ojo

schouder
el hombro

vinger
el dedo

gezicht
la cara

kin
la pera

hand
la mano

borst
el pecho

been
la pierna

arm
el brazo

baby

el bebé

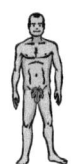

man

el hombre

vrouw

la mujer

meisje

la nena

jongen

el nene

hoofd

la cabeza

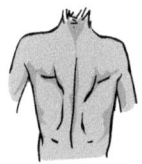

rug

la espalda

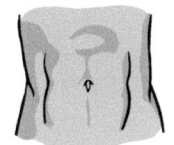

buik

la panza

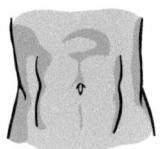

navel

el ombligo

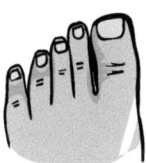

teen

el dedo del pie

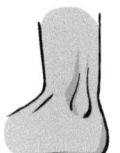

hiel

el talón

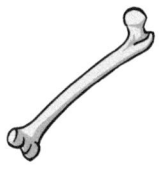

bot

el hueso

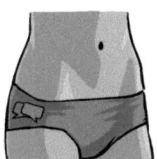

heup

la cadera

knie

la rodilla

elleboog

el codo

neus

la nariz

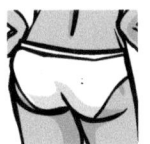

achterwerk

la cola

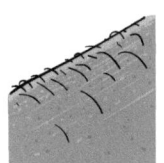

huid

la piel

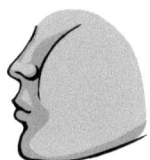

wang

el cachete

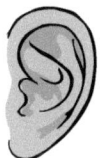

oor

la oreja

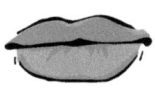

lippen

el labio

mond
la boca

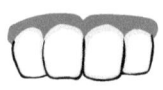

tand
el diente

tong
la lengua

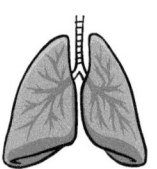

hersenen
el cerebro

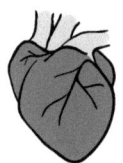

hart
el corazón

spier
el músculo

long
el pulmón

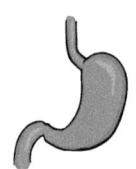

lever
el hígado

maag
el estómago

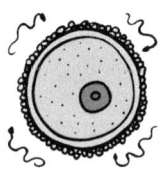

nieren
los riñones

geslachtsgemeenschap
el sexo

condoom
el preservativo

eicel
el óvulo

sperma
el semen

zwangerschap
el embarazo

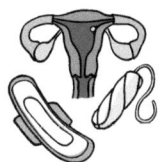

menstruatie

la menstruación

vagina

la vagina

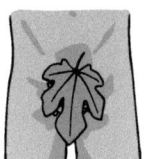

penis

el pene

wenkbrauw

la ceja

haar

el pelo

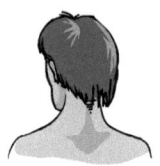

hals

el cuello

ziekenhuis
el hospital

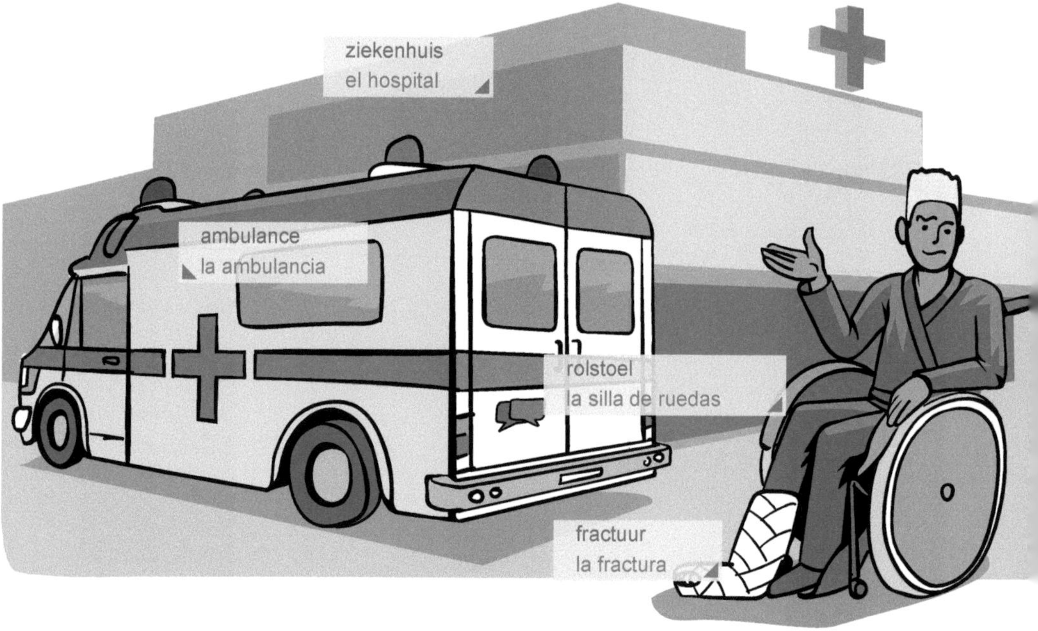

ziekenhuis
el hospital
ambulance
la ambulancia
rolstoel
la silla de ruedas
fractuur
la fractura

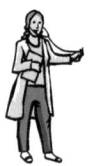

dokter

el médico

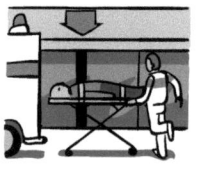

EHBO

la sala de guardia

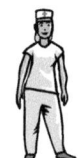

verpleegster

la enfermera

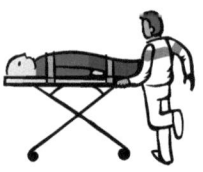

noodgeval

la emergencia

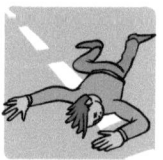

bewusteloos

inconsciente

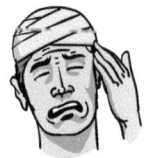

pijn

el dolor

verwonding

la lesión

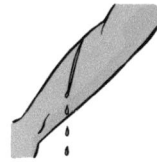

bloeding

la hemorragia

hartaanval

el infarto

beroerte

el ACV

allergie

la alergia

hoest

la tos

koorts

la fiebre

griep

la gripe

diarree

la diarrea

hoofdpijn

el dolor de cabeza

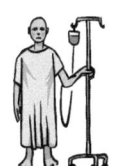

kanker

el cáncer

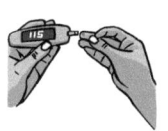

diabetes

la diabetes

chirurg

el cirujano

scalpel

el bisturí

operatie

la operación

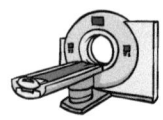

CT
....
la TC

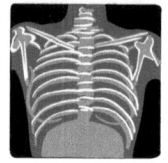

röntgen
....
los rayos x

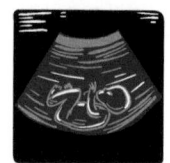

echografie
....
la ecografía

gezichtsmasker
....
el barbijo

ziekte
....
la enfermedad

wachtkamer
....
la sala de espera

kruk
....
la muleta

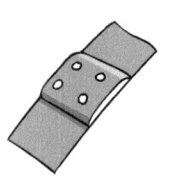

pleister
....
la curita

verband
....
la venda

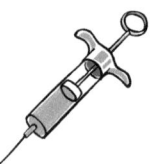

injectie
....
la inyección

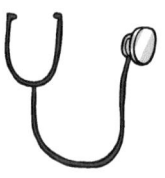

stethoscoop
....
el estetoscopio

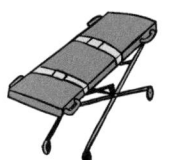

brancard
....
la camilla

thermometer
....
el termómetro

geboorte
....
el nacimiento

overgewicht
....
el sobrepeso

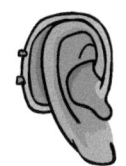

gehoorapparaat

el audífono

ontsmettingsmiddel

el desinfectante

infectie

la infección

virus

el virus

HIV / AIDS

el VIH / SIDA

medicijn

el remedio

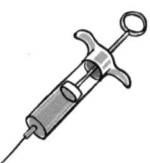

inenting

la vacunación

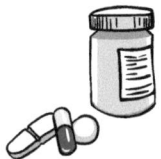

tabletten

los comprimidos

pil

la pastilla anticonceptiva

alarmnummer

la llamada de emergencia

bloeddrukmeter

el tensiómetro

ziek / gezond

enfermo / sano

Help!
¡Ayuda!

alarm
la alarma

overval
la agresión

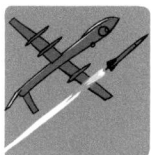

aanval
el ataque

gevaar
el peligro

nooduitgang
la salida de emergencia

Brand!
¡Fuego!

brandblusser
el matafuego

ongeluk
el accidente

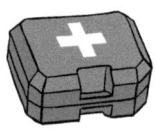

EHBO-koffer
el botiquín de primeros auxilios

SOS
el SOS

politie
la policía

Europa

Europa

Noord-Amerika

América del Norte

Zuid-Amerika

América del Sur

Afrika

África

Azië

Asia

Australië

Australia

Atlantische Oceaan

el Atlántico

Stille Oceaan

el Pacífico

Indische Oceaan

el Océano Índico

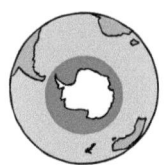

Zuidelijke Oceaan

el Océano Antártico

Noordelijke IJszee

el Océano Ártico

Noordpool

el polo norte

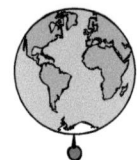

Zuidpool

el polo sur

Antarctica

la Antártida

aarde

la Tierra

land

la tierra

zee

el mar

eiland

la isla

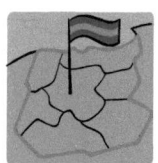

natie

la nación

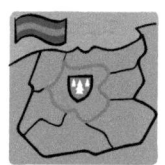

staat

el estado

wijzerplaat

la esfera

uurwijzer

la manecilla de las horas

minutenwijzer

el minutero

secondewijzer

el segundero

Hoe laat is het?

¿Qué hora es?

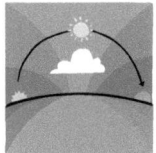

dag

el día

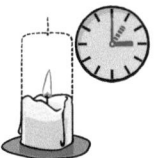

tijd

la hora

nu

ahora

digitaal horloge

el reloj digital

minuut

el minuto

uur

la hora

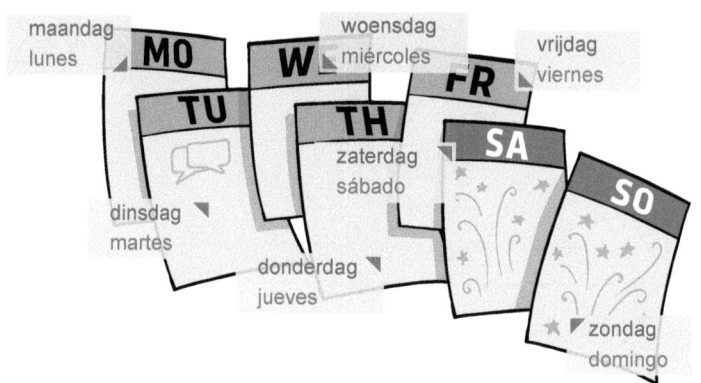

maandag
lunes

woensdag
miércoles

vrijdag
viernes

dinsdag
martes

zaterdag
sábado

donderdag
jueves

zondag
domingo

gisteren

ayer

vandaag

hoy

morgen

mañana

ochtend

la mañana

middag

el mediodía

avond

la tarde

werkdagen

los días hábiles

weekend

el fin de semana

regen
la lluvia

regenboog
el arco iris

sneeuw
la nieve

wind
el viento

voorjaar
la primavera

herfst
el otoño

zomer
el verano

winter
el invierno

4.APRIL	11°	☀
5.APRIL	4°	⛅
6.APRIL	13°	☁
7.APRIL	8°	❄
8.APRIL	10°	☀

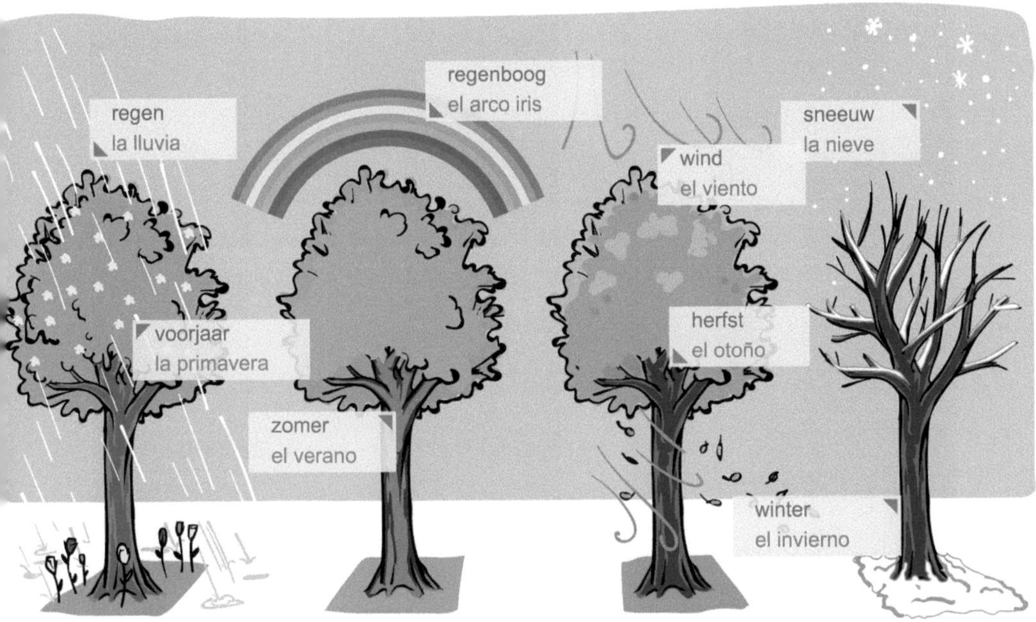

weerbericht

el pronóstico meteorológico

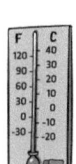

thermometer

el termómetro

zonneschijn

la luz del sol

wolk

la nube

mist

la niebla

luchtvochtigheid

la humedad

bliksem

el rayo

donder

el trueno

storm

la tormenta

hagel

el granizo

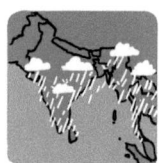

moesson

el monzón

overstroming

la inundación

ijs

el hielo

januari

enero

februari

febrero

maart

marzo

april

abril

mei

mayo

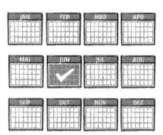

juni

junio

juli

julio

augustus

agosto

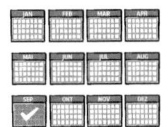

september
....
septiembre

oktober
....
octubre

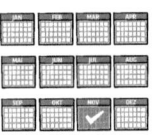

november
....
noviembre

december
....
diciembre

vormen

las formas

cirkel
....
el círculo

vierkant
....
el cuadrado

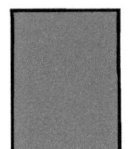

rechthoek
....
el rectángulo

driehoek
....
el triángulo

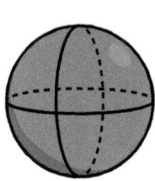

bol
....
la esfera

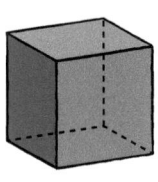

kubus
....
el cubo

kleuren
colores

wit

blanco

geel

amarillo

oranje

naranja

roze

rosa

rood

rojo

paars

violeta

blauw

azul

groen

verde

bruin

marrón

grijs

gris

zwart

negro

veel / weinig

mucho / poco

boos / rustig

enojado / tranquilo

mooi / lelijk

lindo / feo

begin / einde

el principio / el fin

groot / klein

grande / chico

licht / donker

claro / oscuro

broer / zus

el hermano / la hermana

schoon / vies

limpio / sucio

volledig / onvolledig

completo / incompleto

dag/ nacht

el día / la noche

dood / levend

muerto / vivo

breed / smal

ancho / angosto

eetbaar / oneetbaar

comestible / no comestible

gemeen / aardig

malo / amable

opgewonden / verveeld

entusiasmado / aburrido

dik / dun

gordo / flaco

eerste / laatste

primero / último

vriend / vijand

el amigo / el enemigo

vol / leeg

lleno / vacío

hard / zacht

duro / blando

zwaar / licht

pesado / liviano

honger / dorst

el hambre / la sed

ziek / gezond

enfermo / sano

illegaal / legaal

ilegal / legal

intelligent / dom

inteligente / estúpido

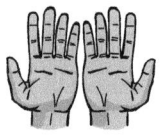

links / rechts

izquierda / derecha

dichtbij / ver

cerca / lejos

nieuw / gebruikt

nuevo / usado

niets / iets

nada / algo

oud / jong

viejo / joven

aan / uit

encendido / apagado

open / gesloten

abierto / cerrado

zacht / luid

silencioso / ruidoso

rijk / arm

rico / pobre

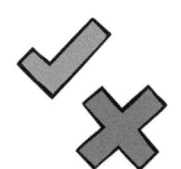

goed / fout

correcto / incorrecto

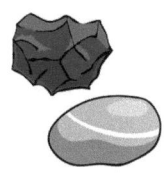

ruw / glad

áspero / suave

verdrietig / gelukkig

triste / contento

kort / lang

corto / largo

langzaam / snel

lento / rápido

nat / droog

mojado / seco

warm / koel

caliente / frío

oorlog / vrede

guerra / paz

los números

0

nul

cero

1

één

uno

2

twee

dos

3

drie

tres

4

vier

cuatro

5

vijf

cinco

6

zes

seis

7

zeven

siete

8

acht

ocho

9

negen

nueve

10

tien

diez

11

elf

once

12

twaalf

doce

13

dertien

trece

14

veertien

catorce

15

vijftien

quince

16

zestien

dieciséis

17

zeventien

diecisiete

18

achttien

dieciocho

19

negentien

diecinueve

20

twintig

veinte

100

honderd

cien

1.000

duizend

mil

1.000.000

miljoen

el millón

Engels

el inglés

Amerikaans Engels

el inglés americano

Chinees Mandarijn

el chino mandarín

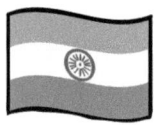

Hindi

el hindi

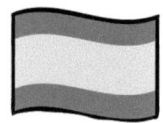

Spaans

el español

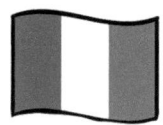

Frans

el francés

Arabisch

el árabe

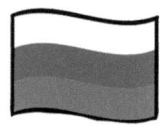

Russisch

el ruso

Portugees

el portugués

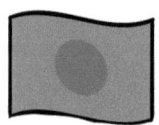

Bengalees

el bengalí

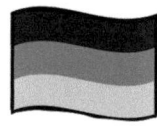

Duits

el alemán

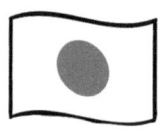

Japans

el japonés

ik

yo

jij

vos

hij / zij / het

él / ella

wij

nosotros

jullie

ustedes

zij

ellos

wie?

¿quién?

wat?

¿qué?

hoe?

¿cómo?

waar?

¿dónde?

wanneer?

¿cuándo?

naam

el nombre

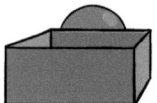

achter

detrás

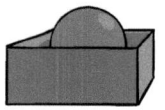

in

en

voor

adelante de

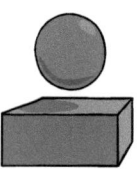

boven

por encima de

op

sobre

onder

debajo de

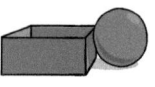

naast

al lado de

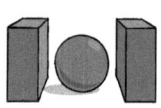

tussen

entre

plaats

el lugar